Franklin D. Roosevelt

Grace Hansen

ABDO
BIOGRAFÍAS DE LOS PRESIDENTES
DE LOS ESTADOS UNIDOS
Kids

www.abdopublishing.com

Published by Abdo Kids, a division of ABDO, PO Box 398166, Minneapolis, Minnesota 55439.

Copyright © 2015 by Abdo Consulting Group, Inc. International copyrights reserved in all countries.
No part of this book may be reproduced in any form without written permission from the publisher.

Printed in the United States of America, North Mankato, Minnesota.

072014

092014

Spanish Translators: Maria Reyes-Wrede, Maria Puchol

Photo Credits: Corbis, Getty Images, Shutterstock, Thinkstock

Production Contributors: Teddy Borth, Jennie Forsberg, Grace Hansen

Design Contributors: Candice Keimig, Laura Rask, Dorothy Toth

Library of Congress Control Number: 2014938869

Cataloging-in-Publication Data

Hansen, Grace.

[Franklin D. Roosevelt. Spanish]

Franklin D. Roosevelt / Grace Hansen.

  p. cm. -- (Biografías de los presidentes de los Estados Unidos)

ISBN 978-1-62970-382-4 (lib. bdg.)

Includes bibliographical references and index.

1. Roosevelt, Franklin D. ((Franklin Delano), 1882-1945--Juvenile literature. 2. Presidents--United
States--Biography--Juvenile literature. 3. Spanish language materials—Juvenile literature. I. Title.

973.917--dc23

[B]   2014938869

Contenido

Los primeros años

Franklin D. Roosevelt nació

el 30 de enero de 1882. Nació

en Hyde Park, Nueva York.

New York

Roosevelt tuvo una infancia feliz. Recibió una buena educación. Fue a la universidad y estudió Derecho.

Familia

Roosevelt se casó con una
mujer llamada Eleanor.
Tuvieron seis hijos.

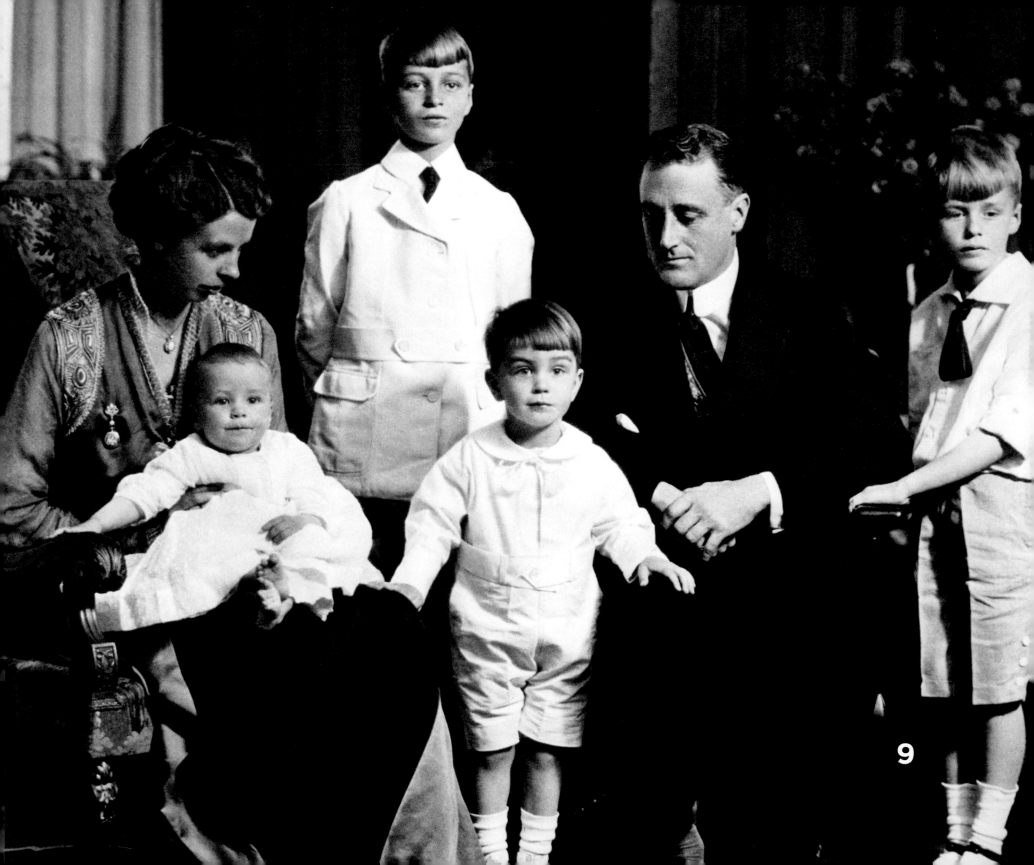

9

Se convierte en presidente

Roosevelt fue **abogado**. Tenía grandes aspiraciones para su futuro. Se convirtió en **senador** del estado de Nueva York.

10

Roosevelt se enfermó de **polio**.
No pudo caminar más. Eleanor
le dijo que continuara con su
carrera política.

Roosevelt no se dio por vencido. En 1928 fue candidato a **gobernador** de Nueva York y ganó.

Presidencia

El 4 de marzo de 1933, Roosevelt se convirtió en el 32º presidente de los Estados Unidos. Ayudó al país durante la **Gran Depresión**.

17

Roosevelt gobernó durante la **Segunda Guerra Mundial**. Ayudó a crear la **Organización de las Naciones Unidas**. Quería paz para todos los países.

19

Muerte

Roosevelt murió el 12 de abril de 1945. La gente de los Estados Unidos se sintió muy triste. Él veló por ellos durante las épocas más difíciles.

21

Más datos

- Uno de los pasatiempos de Roosevelt era coleccionar estampillas. Cuando murió, en su colección había más de 1,200,000 estampillas.

- Una de las mascotas más famosas de la Casa Blanca es Fala, un terrier escocés. Fala era el compañero inseparable de Roosevelt.

- La presidencia de Roosevelt duró 4,422 días. Ha sido la presidencia más larga. Duró cuatro años más que la presidencia que le sigue en duración.

Glosario

abogado – persona que brinda asistencia legal o representa a la gente en la corte.

gobernador – persona elegida para gobernar un estado de los Estados Unidos.

Gran Depresión – desde 1929 hasta 1942, época de dificultades económicas mundiales. Mucha gente no podía encontrar trabajo.

Organización de las Naciones Unidas (ONU) – grupo de naciones que se formó en 1945. Su objetivo es promover la paz, los derechos humanos, la seguridad y el crecimiento social y económico.

polio – nombre común para poliomielitis, enfermedad que a veces deja a las personas paralíticas.

Segunda Guerra Mundial – guerra que tuvo lugar en Europa, Asia y África desde 1939 hasta 1945.

senador – miembro del senado elegido por los distritos dentro de su estado. Representa a sus distritos al votar.

23

Índice

abdokids.com

¡Usa este código para entrar a abdokids.com y tener acceso a juegos, arte, videos y mucho más!

Código Abdo Kids:
UFK0885